AF340232

97
BIBL
39341

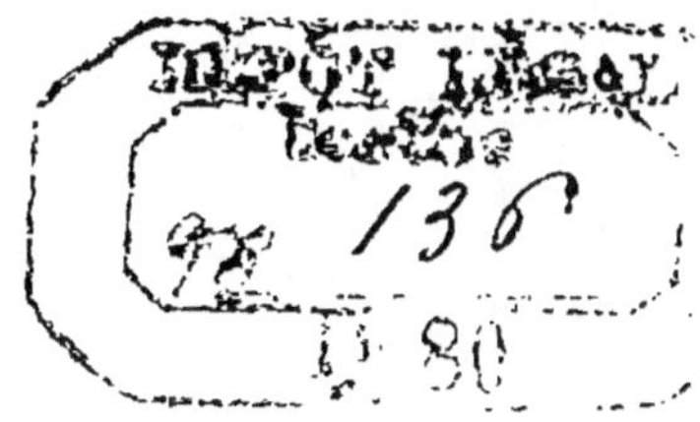

MEMENTO

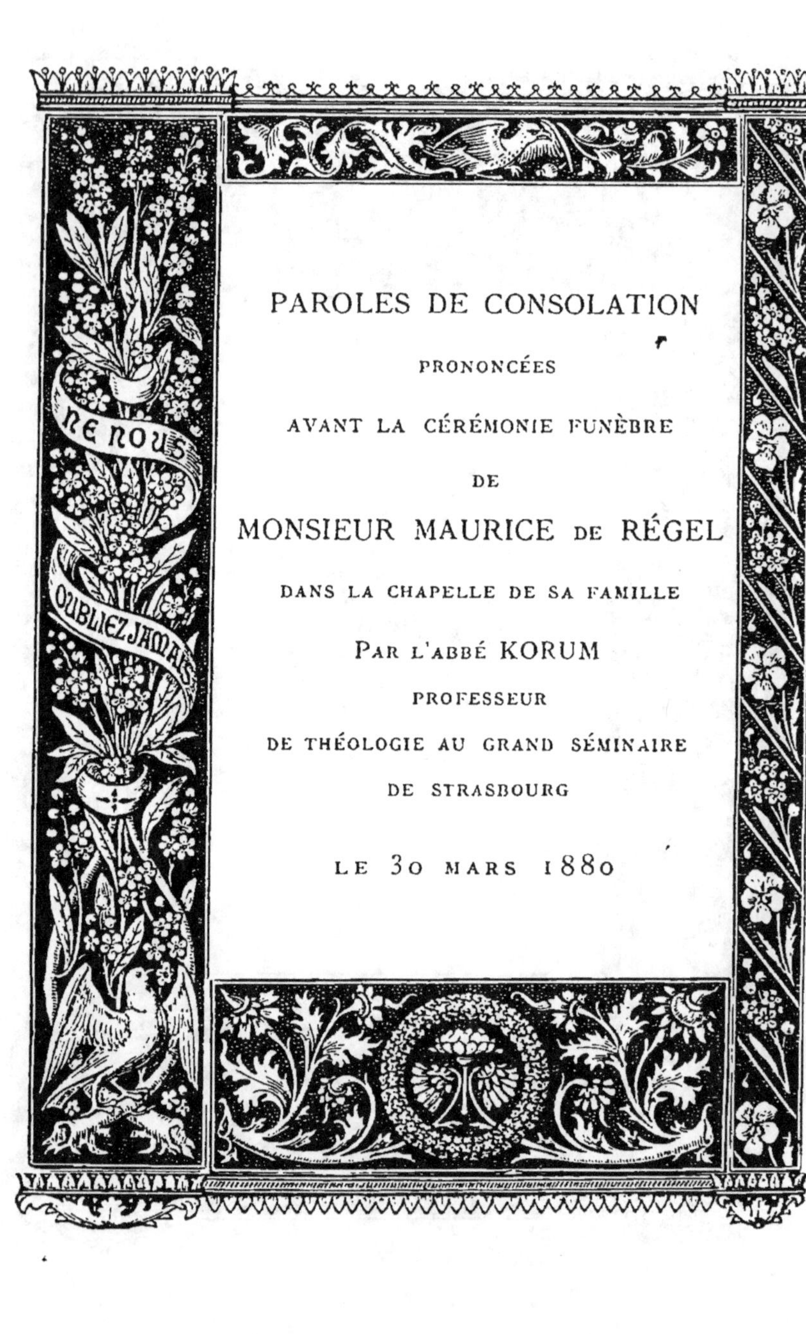

PAROLES DE CONSOLATION

PRONONCÉES

AVANT LA CÉRÉMONIE FUNÈBRE

DE

MONSIEUR MAURICE DE RÉGEL

DANS LA CHAPELLE DE SA FAMILLE

PAR L'ABBÉ KORUM

PROFESSEUR

DE THÉOLOGIE AU GRAND SÉMINAIRE

DE STRASBOURG

LE 30 MARS 1880

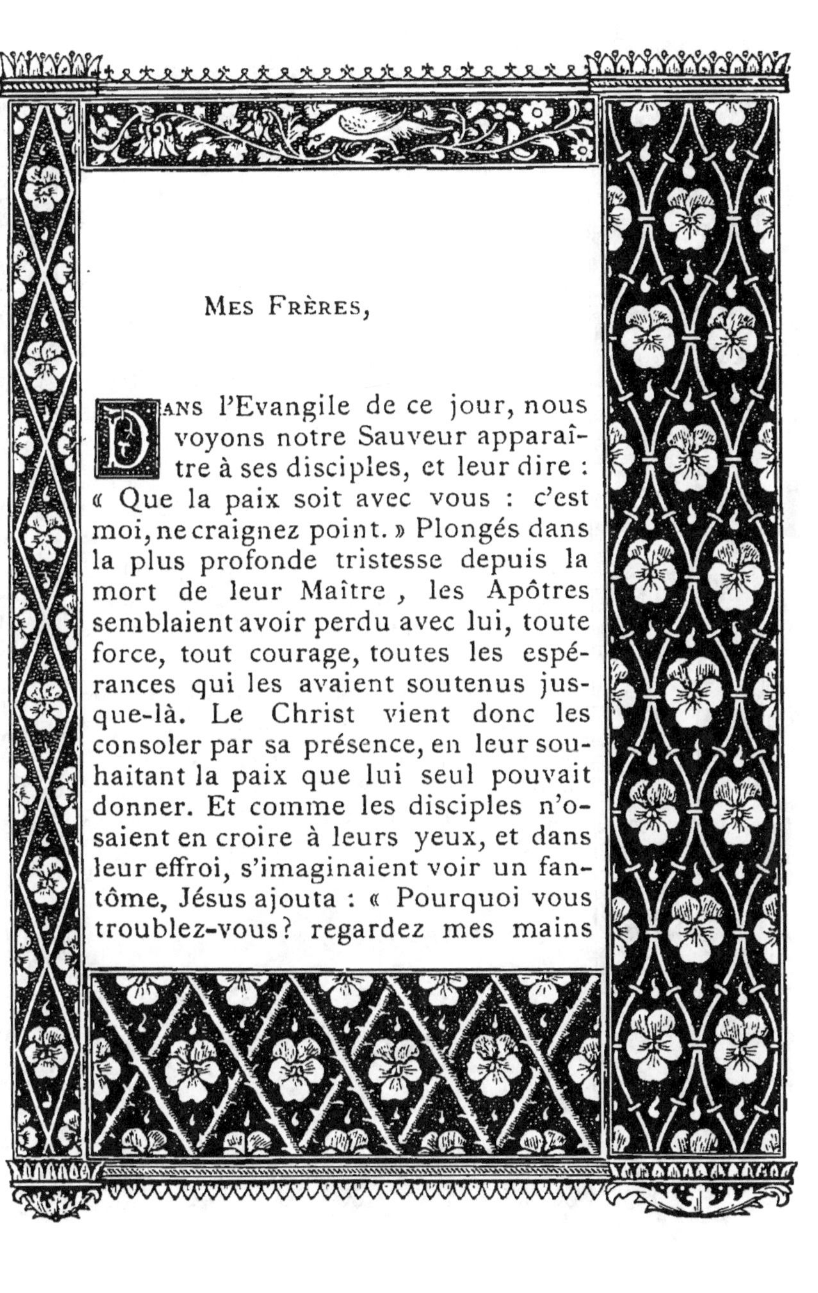

Dans l'Evangile de ce jour, nous voyons notre Sauveur apparaître à ses disciples, et leur dire : « Que la paix soit avec vous : c'est moi, ne craignez point. » Plongés dans la plus profonde tristesse depuis la mort de leur Maître , les Apôtres semblaient avoir perdu avec lui, toute force, tout courage, toutes les espérances qui les avaient soutenus jusque-là. Le Christ vient donc les consoler par sa présence, en leur souhaitant la paix que lui seul pouvait donner. Et comme les disciples n'osaient en croire à leurs yeux, et dans leur effroi, s'imaginaient voir un fantôme, Jésus ajouta : « Pourquoi vous troublez-vous? regardez mes mains

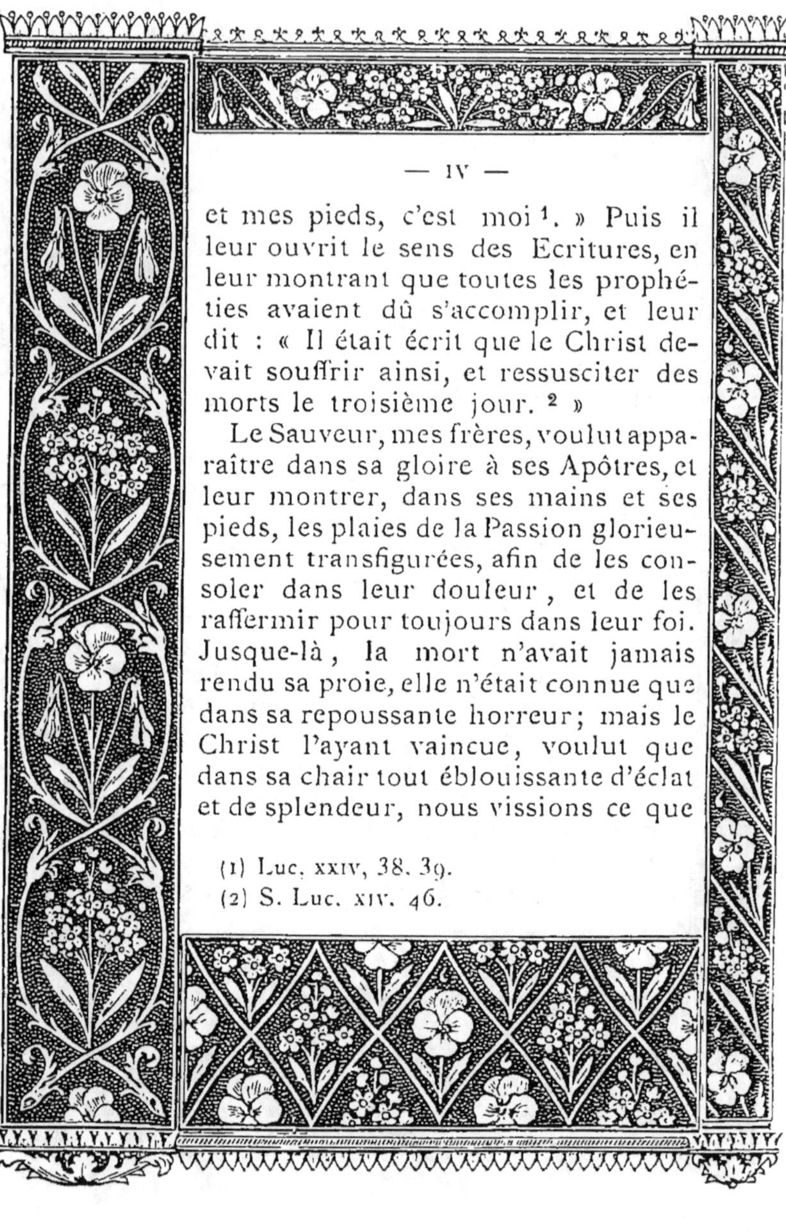

et mes pieds, c'est moi [1]. » Puis il leur ouvrit le sens des Ecritures, en leur montrant que toutes les prophéties avaient dû s'accomplir, et leur dit : « Il était écrit que le Christ devait souffrir ainsi, et ressusciter des morts le troisième jour. [2] »

Le Sauveur, mes frères, voulut apparaître dans sa gloire à ses Apôtres, et leur montrer, dans ses mains et ses pieds, les plaies de la Passion glorieusement transfigurées, afin de les consoler dans leur douleur, et de les raffermir pour toujours dans leur foi. Jusque-là, la mort n'avait jamais rendu sa proie, elle n'était connue que dans sa repoussante horreur; mais le Christ l'ayant vaincue, voulut que dans sa chair tout éblouissante d'éclat et de splendeur, nous vissions ce que

(1) Luc. xxiv, 38. 39.
(2) S. Luc. xiv. 46.

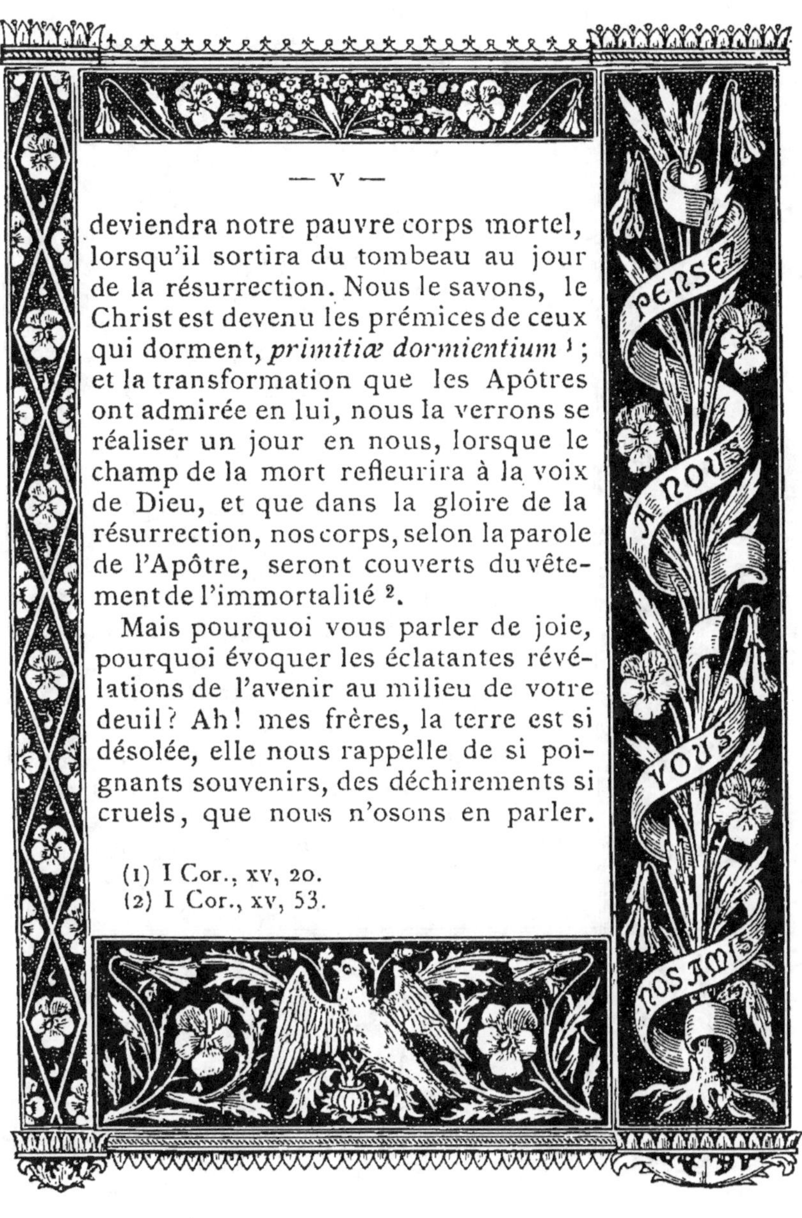

— V —

deviendra notre pauvre corps mortel, lorsqu'il sortira du tombeau au jour de la résurrection. Nous le savons, le Christ est devenu les prémices de ceux qui dorment, *primitiæ dormientium* [1]; et la transformation que les Apôtres ont admirée en lui, nous la verrons se réaliser un jour en nous, lorsque le champ de la mort refleurira à la voix de Dieu, et que dans la gloire de la résurrection, nos corps, selon la parole de l'Apôtre, seront couverts du vêtement de l'immortalité [2].

Mais pourquoi vous parler de joie, pourquoi évoquer les éclatantes révélations de l'avenir au milieu de votre deuil? Ah! mes frères, la terre est si désolée, elle nous rappelle de si poignants souvenirs, des déchirements si cruels, que nous n'osons en parler.

(1) I Cor., xv, 20.
(2) I Cor., xv, 53.

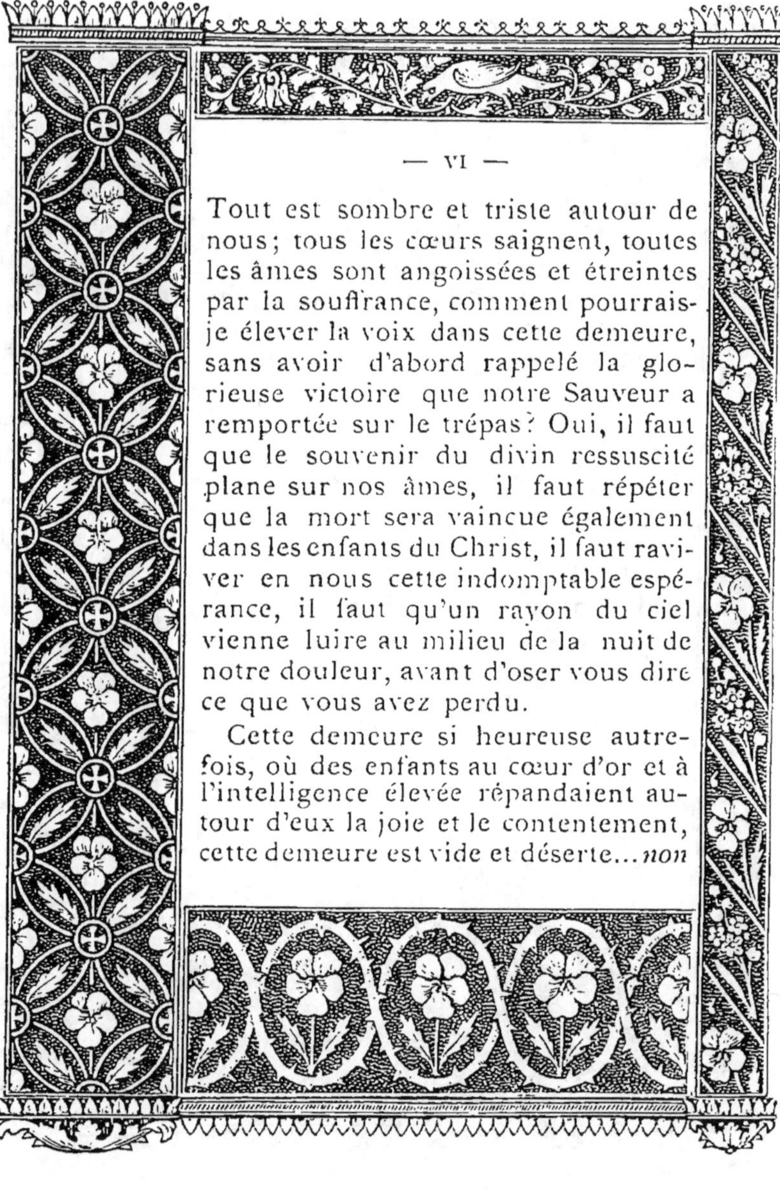

Tout est sombre et triste autour de
nous; tous les cœurs saignent, toutes
les âmes sont angoissées et étreintes
par la souffrance, comment pourrais-
je élever la voix dans cette demeure,
sans avoir d'abord rappelé la glo-
rieuse victoire que notre Sauveur a
remportée sur le trépas? Oui, il faut
que le souvenir du divin ressuscité
plane sur nos âmes, il faut répéter
que la mort sera vaincue également
dans les enfants du Christ, il faut ravi-
ver en nous cette indomptable espérance, il faut qu'un rayon du ciel
vienne luire au milieu de la nuit de
notre douleur, avant d'oser vous dire
ce que vous avez perdu.

Cette demeure si heureuse autre-
fois, où des enfants au cœur d'or et à
l'intelligence élevée répandaient autour d'eux la joie et le contentement,
cette demeure est vide et déserte... *non*

sunt, ces enfants ne sont plus! comment pourriez-vous être consolés?

Deux fois, en moins d'une année, la mort est venue s'abattre sur cette maison... Elle y a tout pris... tout ce qui faisait la consolation et l'espérance des parents... Ah! nous pourrions dire avec Job : Seigneur, si vous vouliez frapper sans relâche et n'épargner aucune douleur... [1] maintenant le malheur est au comble. Oui la coupe est pleine.

Avant que la blessure faite au cœur des parents, il y a huit mois à peine, ait pu se refermer, une nouvelle blessure est venue la déchirer et l'élargir encore. Après la fille, vous avez enlevé le fils... O Seigneur, que vos coups sont terribles!

Ce fils, il eût voulu vivre pour consoler ses parents, et les aider à supporter leur malheur. S'oubliant lui-

(1) Job, VI, 10.

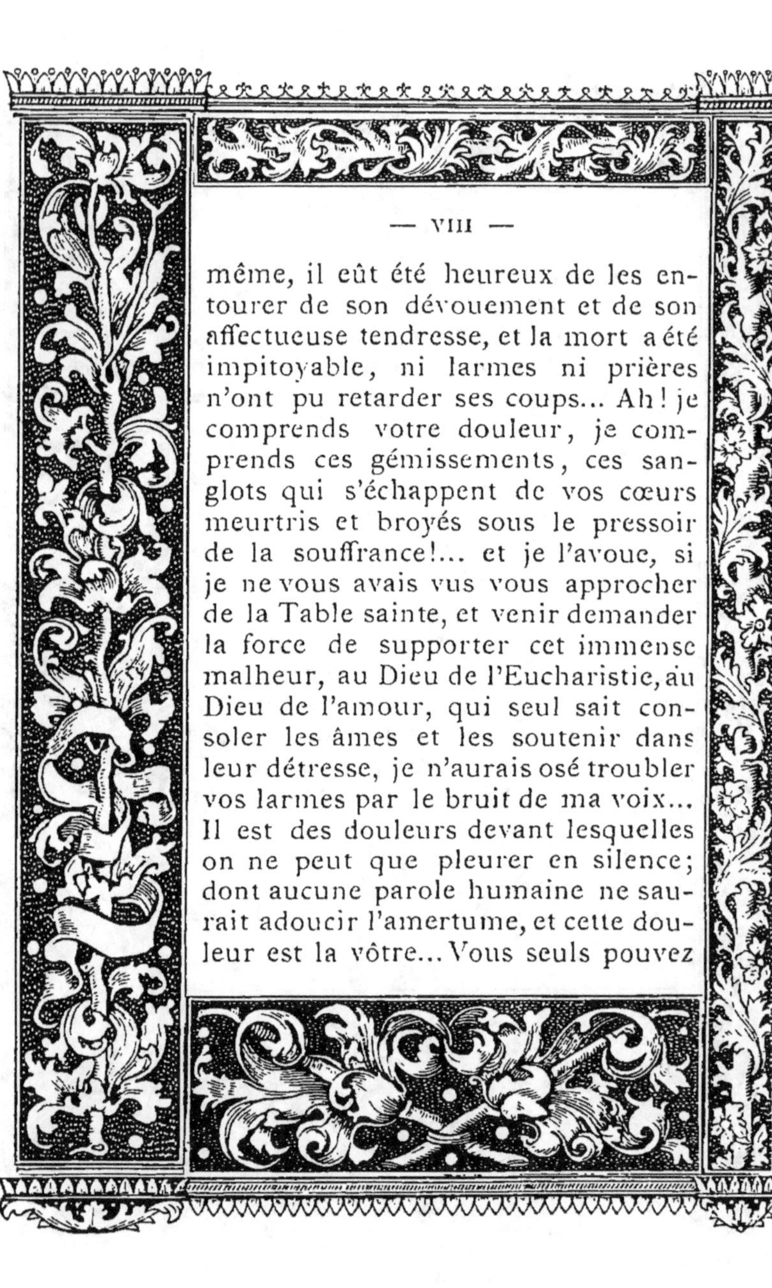

même, il eût été heureux de les en-
tourer de son dévouement et de son
affectueuse tendresse, et la mort a été
impitoyable, ni larmes ni prières
n'ont pu retarder ses coups... Ah! je
comprends votre douleur, je comprends ces gémissements, ces san-
glots qui s'échappent de vos cœurs
meurtris et broyés sous le pressoir
de la souffrance!... et je l'avoue, si
je ne vous avais vus vous approcher
de la Table sainte, et venir demander
la force de supporter cet immense
malheur, au Dieu de l'Eucharistie, au
Dieu de l'amour, qui seul sait consoler les âmes et les soutenir dans
leur détresse, je n'aurais osé troubler
vos larmes par le bruit de ma voix...
Il est des douleurs devant lesquelles
on ne peut que pleurer en silence;
dont aucune parole humaine ne saurait adoucir l'amertume, et cette douleur est la vôtre... Vous seuls pouvez

mesurer l'étendue de votre perte, car vous seuls savez tout ce que Dieu vous avait donné dans Maurice, vous seuls connaissez tous les trésors de tendresse et d'affection de ce cœur que la mort a glacé.

Oui le ciel avait été prodigue pour ce cher enfant, il lui avait tout donné; tout ce qu'un père peut ambitionner, tout ce qu'une mère peut rêver... noblesse du cœur, élévation de l'esprit, délicatesse des sentiments.

De bonne heure, il s'était nourri de l'étude des belles-lettres, et avait puisé dans le commerce assidu avec les maîtres dans l'art de bien dire, cette grâce du style, cette finesse de pensée, cet éclat du coloris que nous admirions dans les premiers essais de sa plume. Il aimait tout ce qui est grand, tout ce qui élève l'intelligence, tout ce qui fait battre le cœur de généreux élans. Si le devoir n'eût parlé pour lui, plus haut que les aspirations de son âme, plus haut que la voix de la poésie qui venait parfois chanter à son oreille, il eût été poète, littérateur ou philosophe, plutôt qu'industriel. Le Seigneur semblait le préparer aux luttes de la pensée, aux combats de la plume ou de la parole, car son esprit au vol large et hardi se portait naturellement vers les hauteurs, et spontanément son cœur s'enflammait pour la cause de la justice et du droit. Et vous le dirai-je, mes frères? vous avouerai-je ce qui ajoute une nouvelle amertume à ma douleur? Ah! mes espérances intimes, celles que le prêtre nourrissait au fond de son cœur pour le triomphe de l'Eglise et de la vérité, ont été détruites aussi par la main impitoyable de la mort.

En initiant Maurice aux doctrines de la sagesse, en le guidant dans les sentiers de la philosophie, j'avais été heureux d'applaudir à ses triomphes. J'admirais en lui une vive intelligence qui saisissait avec rapidité, et savait traiter avec une merveilleuse lucidité les questions les plus ardues. J'admirais surtout cette jeune plume si souple, si déliée, qui dès ses premiers essais et comme en se jouant à l'entrée de la carrière, remportait de véritables succès, et j'espérais qu'elle deviendrait un jour une arme puissante, dans la lutte qui s'est engagée autour de nos saintes croyances ; dans la lutte, où contre les attaques incessamment renouvelées du matérialisme et de l'incrédulité, il faut défendre les droits de l'esprit, l'idéal du bien, le divin patrimoine des âmes, les immortelles espérances de notre foi. L'élève était devenu un ami, j'étais entré dans le secret de son cœur, et le prêtre se réjouissait de voir grandir un champion de la vérité ; il était heureux de penser, qu'un jour Maurice saurait défendre avec valeur et gloire, les intérêts sacrés des âmes et les droits imprescriptibles de l'Eglise... Et toutes ces espérances ont été flétries, et nous pleurons en les voyant s'abîmer dans cette tombe trop tôt ouverte...

Que dirai-je de la piété de Maurice ? elle était douce et simple, mais sérieuse et fortement enracinée dans son âme. Son esprit et son cœur allaient tout naturellement à Dieu ; lui qui avait la passion du beau, qui cherchait l'idéal, savait qu'en Dieu seul notre âme peut se dilater, et étancher la soif de l'infini qui la dévore. Dans nos conversations intimes il aimait à en parler, et à communiquer les pensées qui lui étaient habituelles. Je me rappelle surtout un soir où, atteint déjà par le mal qui le minait sourdement, poussé peut-être par un de ces pressentiments qui parfois saisissent

l'âme, et lui font entrevoir quelque
lueur de l'avenir, Maurice me montrait
combien l'homme était peu de chose,
au milieu de cette immensité où il se
meut comme un pauvre grain de
sable. « Allez, me dit-il, élevez-vous
sur les aîles de la pensée, sondez les
espaces, planez au-dessus de ces
mondes répandus dans l'Océan des
Cieux, votre esprit aura-t-il pénétré
tous les mystères ? Non, l'infini restera
béant devant vous, et vous n'aurez vu
qu'un bord des grands abîmes. »

C'est vrai, lui répondis-je, l'homme
est peu de chose, il est un atome im-
perceptible dans l'immensité, mais c'est
un atome qui connaît Dieu et qui l'aime ; et Dieu est venu à lui, il a jeté sur
nous un rayon de sa gloire, et il nous a
adoptés pour ses enfants. « C'est là ce
qui console nos tristesses, reprit Maurice, c'est là ce qui explique les rêves de
grandeur, qui tourmentent notre fai-

blesse. » Et quelques jours plus tard il écrivit notre méditation. Ce fut comme le chant du cygne, et dans les derniers accents de sa muse si profondément chrétienne, il y eut comme un défi que sa foi jetait à la mort en disant :

Qu'importent la faiblesse et l'impuissance
[humaines
Étouffant nos désirs sous le poids de leurs
[chaînes,
Puisque Dieu les porta sans cesser d'être Dieu,
Et qu'un jour il daigna descendre de la nue
Arracher en mourant à la mort abbattue
De son pouvoir détruit l'irrévocable aveu !

Ainsi il allait à Dieu, ainsi son âme s'élevait vers ces régions sereines de notre foi... Ah ! maintenant ce Dieu qu'il cherchait, ce Dieu qu'il aimait, ce Dieu qu'il était si avide de contempler, il l'a vu... Ne lisions nous pas tout-à-l'heure à l'*Introït* de la messe : « Dieu les a abreuvés de l'eau de la sagesse [1], de l'eau de l'intelligence. »

(1) Messe du mardi de Pâques. — *Aqua sapientiæ potavit eos.*

Et ne sera·ce pas la plus douce des
jouissances promises par notre foi,
que de pouvoir enfin étancher la soif
qui dévore notre esprit, et nous désal-
térer à jamais aux sources éternelles
de la vérité et de l'amour?...

Oui nous en avons la douce con-
fiance, Dieu a reçu Maurice dans sa
miséricorde. Pendant sa longue et parfois si douloureuse maladie, sa patience ne s'est pas démentie un ins-
tant, elle a été admirable jusqu'à la
fin.

Ce qui l'affecta le plus pénible-
ment, ce fut d'être obligé de se séparer
de sa famille, pour aller demander la
santé à un climat plus doux. La séparation lui fut excessivement sen-
sible, comme il me l'avoua au retour
de Pau, et cependant il s'y soumit
pour ne pas contrister les siens. Il
eût voulu vivre pour eux et les consoler dans leur malheur. Mais au

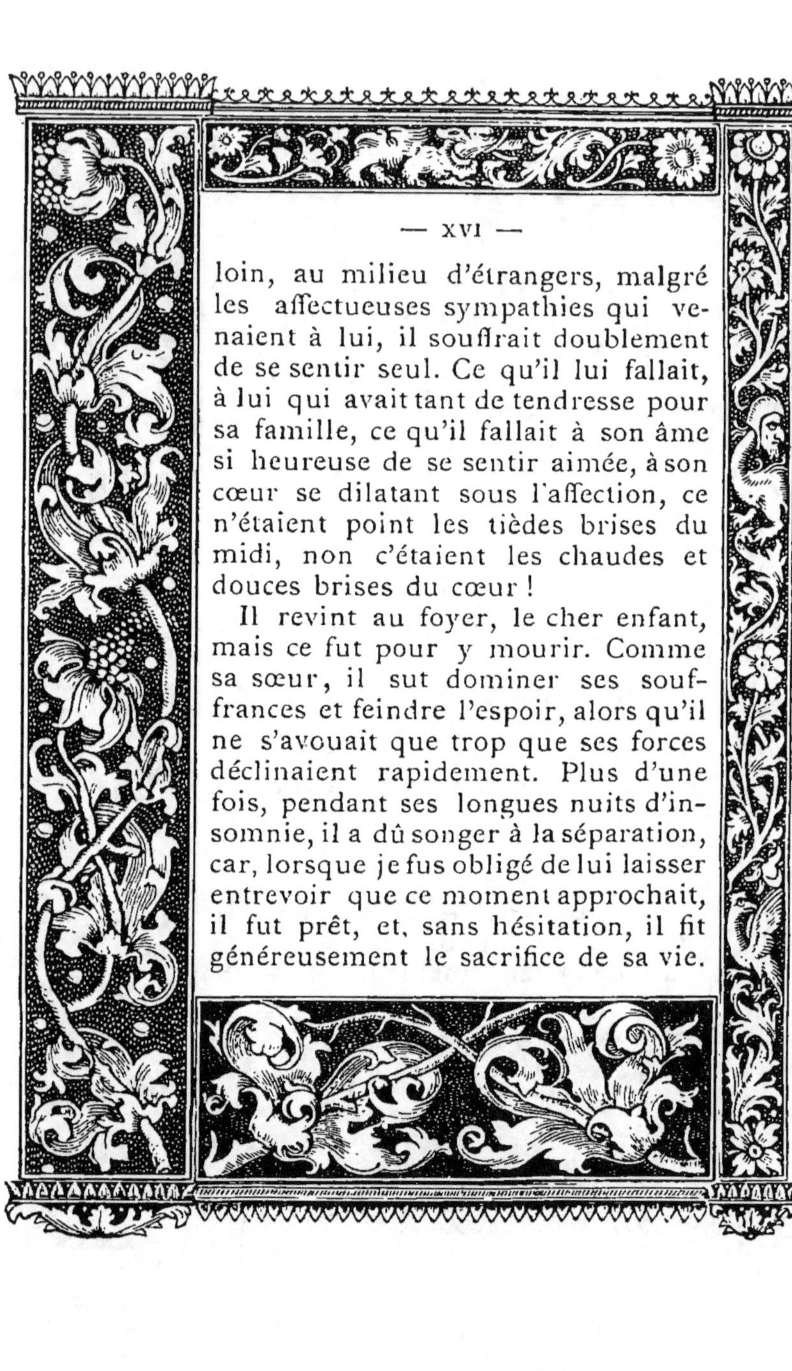

loin, au milieu d'étrangers, malgré les affectueuses sympathies qui venaient à lui, il souffrait doublement de se sentir seul. Ce qu'il lui fallait, à lui qui avait tant de tendresse pour sa famille, ce qu'il fallait à son âme si heureuse de se sentir aimée, à son cœur se dilatant sous l'affection, ce n'étaient point les tièdes brises du midi, non c'étaient les chaudes et douces brises du cœur !

Il revint au foyer, le cher enfant, mais ce fut pour y mourir. Comme sa sœur, il sut dominer ses souffrances et feindre l'espoir, alors qu'il ne s'avouait que trop que ses forces déclinaient rapidement. Plus d'une fois, pendant ses longues nuits d'insomnie, il a dû songer à la séparation, car, lorsque je fus obligé de lui laisser entrevoir que ce moment approchait, il fut prêt, et, sans hésitation, il fit généreusement le sacrifice de sa vie.

« Je remercie Dieu, me dit-il, de m'avoir donné la grâce de supporter mon mal avec patience : maintenant je ne puis plus faire de longues prières, mais je pense souvent au bon Dieu. » C'est dans ces dispositions si pleines de piété et de sainte soumission à la volonté de Dieu qu'il se prépara à quitter ce monde. Réconforté par la grâce des sacrements, soutenu par la réception du corps et du sang de Jésus-Christ, il vit venir la mort avec calme et sérénité. Dieu lui fit la grâce d'avoir pleine et entière conscience de lui-même jusqu'au dernier moment. C'est lui qui, sentant venir la crise suprême, fit appeler le prêtre, et demanda à recevoir une dernière ab-solution; puis, après avoir adressé du regard et de la main un suprême adieu à tous ceux qui se tenaient autour de son lit, il dit d'une voix éteinte « priez. » Que se passa-t-il

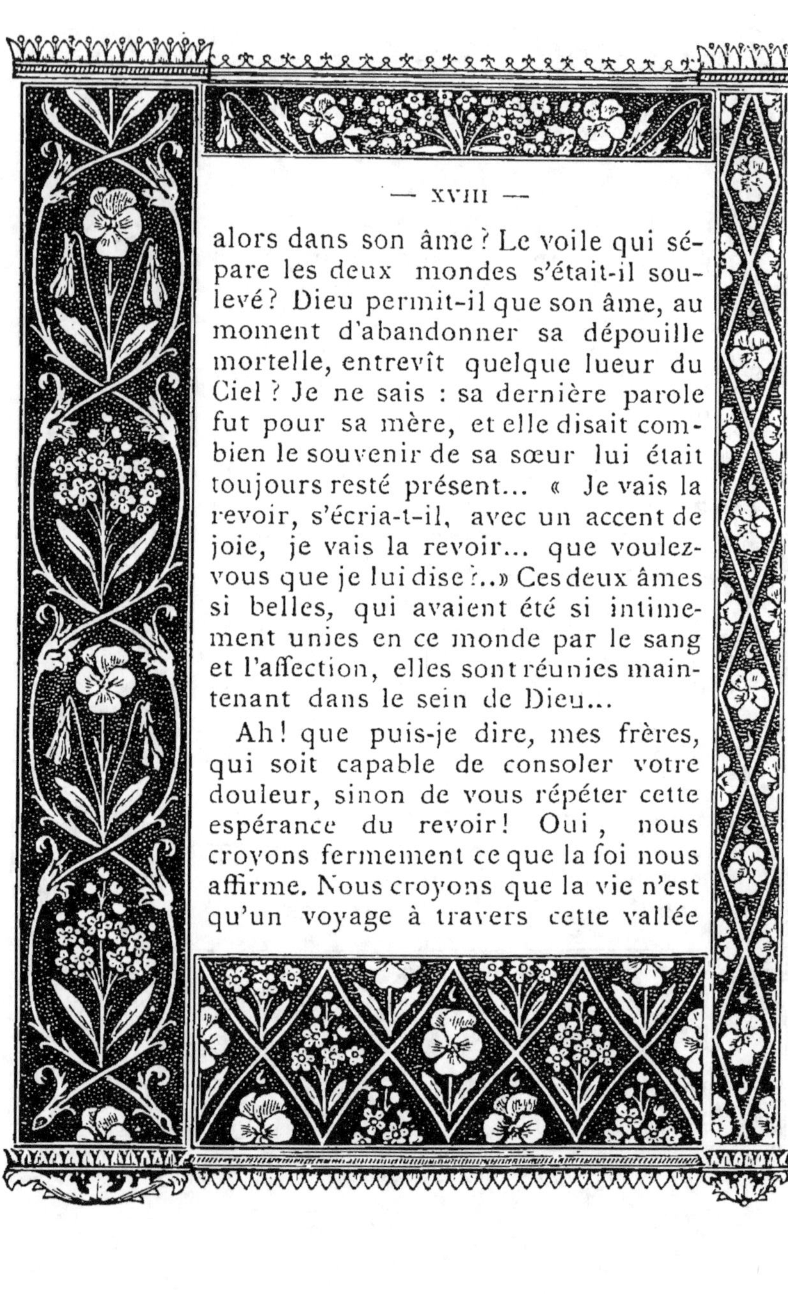

alors dans son âme? Le voile qui sépare les deux mondes s'était-il sou-
levé? Dieu permit-il que son âme, au
moment d'abandonner sa dépouille
mortelle, entrevît quelque lueur du
Ciel? Je ne sais : sa dernière parole
fut pour sa mère, et elle disait combien le souvenir de sa sœur lui était
toujours resté présent... « Je vais la
revoir, s'écria-t-il, avec un accent de
joie, je vais la revoir... que voulez-
vous que je lui dise?..» Ces deux âmes
si belles, qui avaient été si intime-
ment unies en ce monde par le sang
et l'affection, elles sont réunies maintenant dans le sein de Dieu...

Ah! que puis-je dire, mes frères,
qui soit capable de consoler votre
douleur, sinon de vous répéter cette
espérance du revoir! Oui, nous
croyons fermement ce que la foi nous
affirme. Nous croyons que la vie n'est
qu'un voyage à travers cette vallée

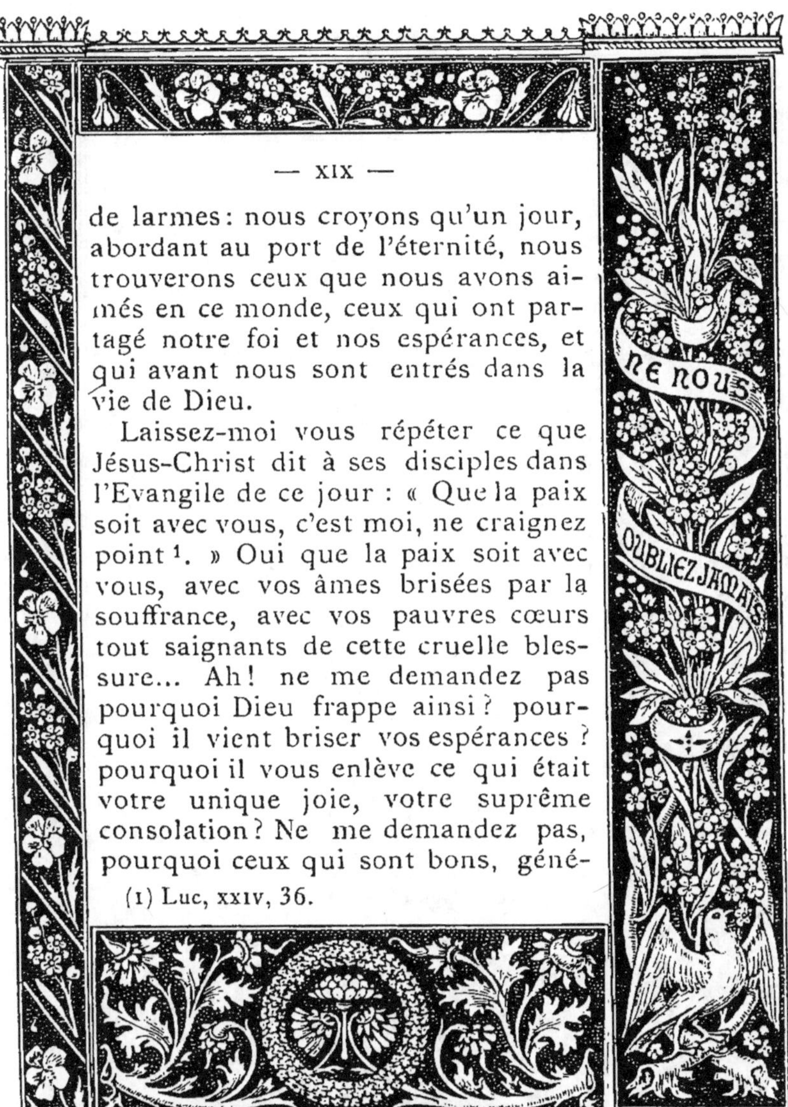

de larmes : nous croyons qu'un jour, abordant au port de l'éternité, nous trouverons ceux que nous avons aimés en ce monde, ceux qui ont partagé notre foi et nos espérances, et qui avant nous sont entrés dans la vie de Dieu.

Laissez-moi vous répéter ce que Jésus-Christ dit à ses disciples dans l'Evangile de ce jour : « Que la paix soit avec vous, c'est moi, ne craignez point [1]. » Oui que la paix soit avec vous, avec vos âmes brisées par la souffrance, avec vos pauvres cœurs tout saignants de cette cruelle blessure... Ah ! ne me demandez pas pourquoi Dieu frappe ainsi ? pourquoi il vient briser vos espérances ? pourquoi il vous enlève ce qui était votre unique joie, votre suprême consolation ? Ne me demandez pas, pourquoi ceux qui sont bons, géné-

(1) Luc, XXIV, 36.

reux, pleins de tendresse, sont prématurément enlevés à notre affection ? pourquoi la mort vient d'une main si rapide et si impitoyable, glacer des cœurs aimants et dévoués ? pourquoi les fleurs à peine épanouies sont cueillies aux premiers jours du printemps, avant qu'elles aient donné les magnifiques fruits qu'elles promettaient ? pourquoi des âmes si richement douées, alors qu'elles se déployaient dans la lumière et la vérité, sont arrêtées au milieu de leur vol, avant d'avoir pu réaliser tout le bien qu'elles désiraient faire ? Qui donc oserait répondre ? Qui connaît les voies insondables de Dieu ; qui a pénétré dans le secret de ses conseils ? [1] *Ego sum, nolite timere.* C'est moi, dit le Seigneur, moi qui fais vivre et qui fais mourir [2], moi qui aime

(1) Rom., II, 33.
(2) I liv. des Rois, II, 6.

les âmes [1]. Oui, mes frères, lors même que Dieu semble nous éprouver, il agit par des vues de miséricorde et d'amour. Notre regard voilé encore par les ombres de la terre ne peut s'élever à la pleine lumière; notre pauvre cœur, haletant sous le fardeau de la croix, ne peut encore comprendre les secrets de la Providence paternelle de Dieu. Un jour nous le saurons; « le mot de l'éternité, de la pleine lumière, et le mot des ombres est le même : Dieu est bon, Dieu est amour, Dieu fait tout par miséricorde [2] ». Dieu réunira ceux qu'il sépare aujourd'hui. Il séchera les larmes, il embaumera les douleurs. *Nolite timere*, ne craignez point, il est le vainqueur de la mort, et il forcera la tombe à rendre sa proie. « Je sais que mon Rédempteur

(1) Sagesse, XI, 27.
(2) Baugaud, *Le Christianisme*, v. 1, ch. 12.

vit, disait Job, et qu'au dernier jour je me relèverai de la poussière, et que dans ma chair je verrai mon Dieu [1]. »

Ces cendres que nous allons confier à la terre, elles ont été bénites par l'Eglise, et elles dormiront sous la garde des Anges, sous le signe de la Croix, le signe de la sainte Rédemption.

Ah! que la paix soit avec vous, consolez-vous. Le Seigneur vous a tout pris, mais il vous le rendra un jour. Désormais par un élan tout spontané, vos cœurs s'élèveront vers le ciel, c'est là que vous retrouverez ceux que vous continuerez à aimer par delà la tombe, puisque votre affection est plus puissante que la mort. « Lorsque le Christ apparaîtra, dit l'Apôtre, le Christ, qui est votre vie, *vita vestra*,

(1) Job. XIX, 25.

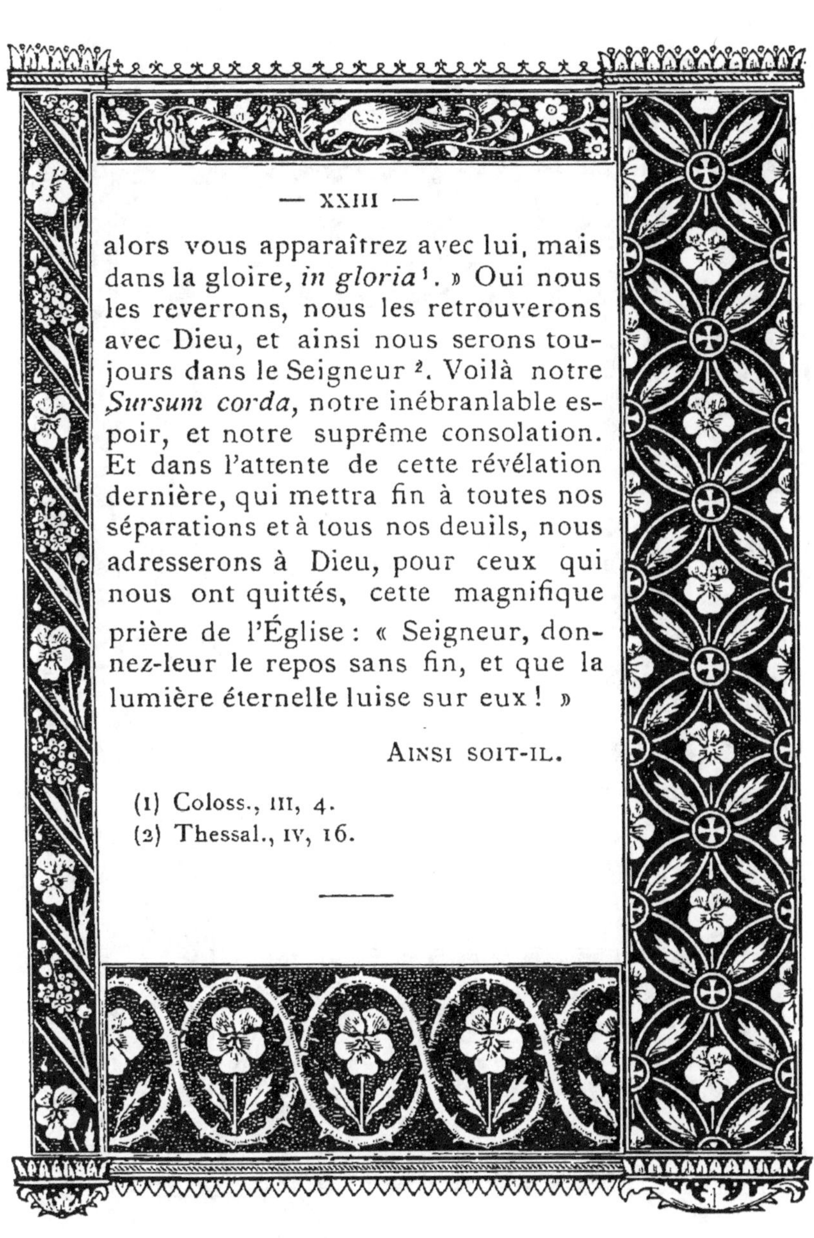

alors vous apparaîtrez avec lui, mais dans la gloire, *in gloria*[1]. » Oui nous les reverrons, nous les retrouverons avec Dieu, et ainsi nous serons toujours dans le Seigneur[2]. Voilà notre *Sursum corda*, notre inébranlable espoir, et notre suprême consolation. Et dans l'attente de cette révélation dernière, qui mettra fin à toutes nos séparations et à tous nos deuils, nous adresserons à Dieu, pour ceux qui nous ont quittés, cette magnifique prière de l'Église : « Seigneur, donnez-leur le repos sans fin, et que la lumière éternelle luise sur eux ! »

AINSI SOIT-IL.

(1) Coloss., III, 4.
(2) Thessal., IV, 16.

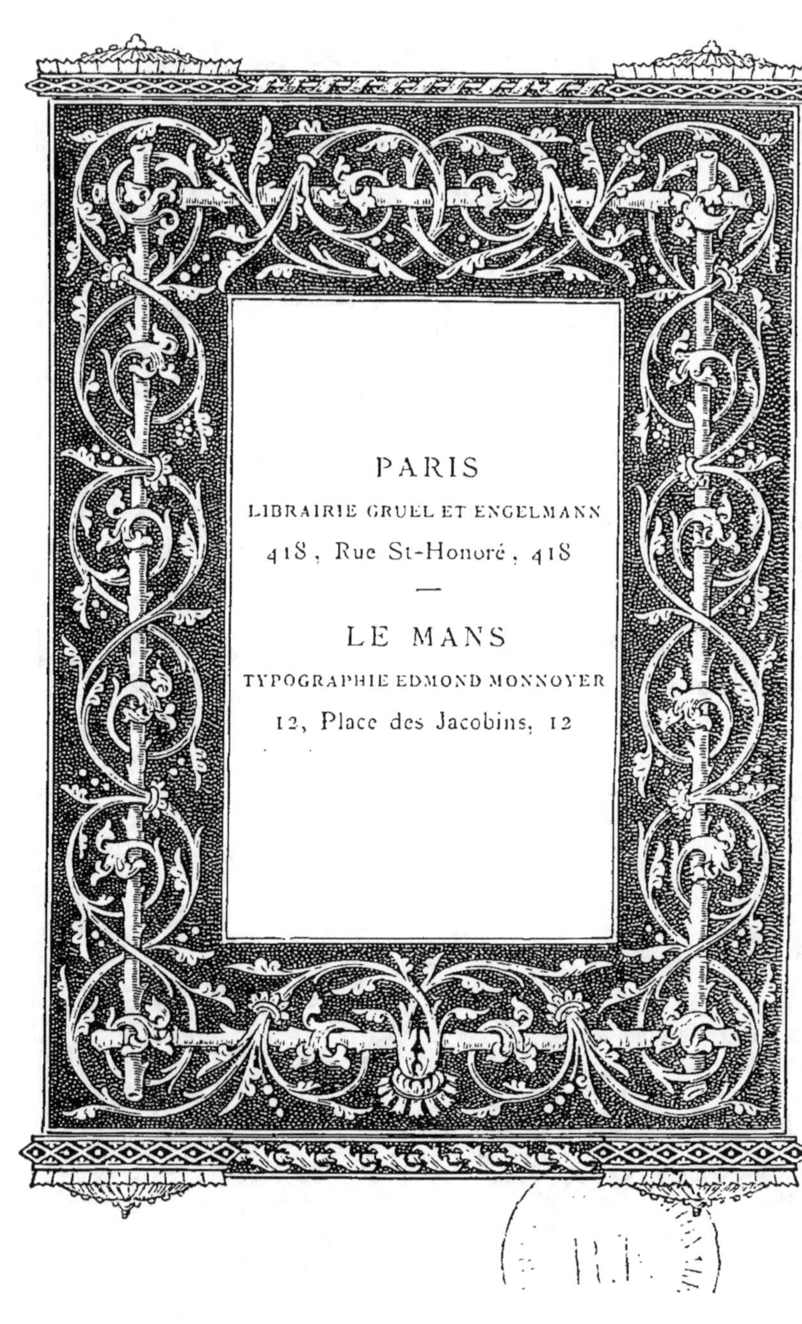

PARIS
LIBRAIRIE GRUEL ET ENGELMANN
418, Rue St-Honoré, 418
—
LE MANS
TYPOGRAPHIE EDMOND MONNOYER
12, Place des Jacobins, 12

90

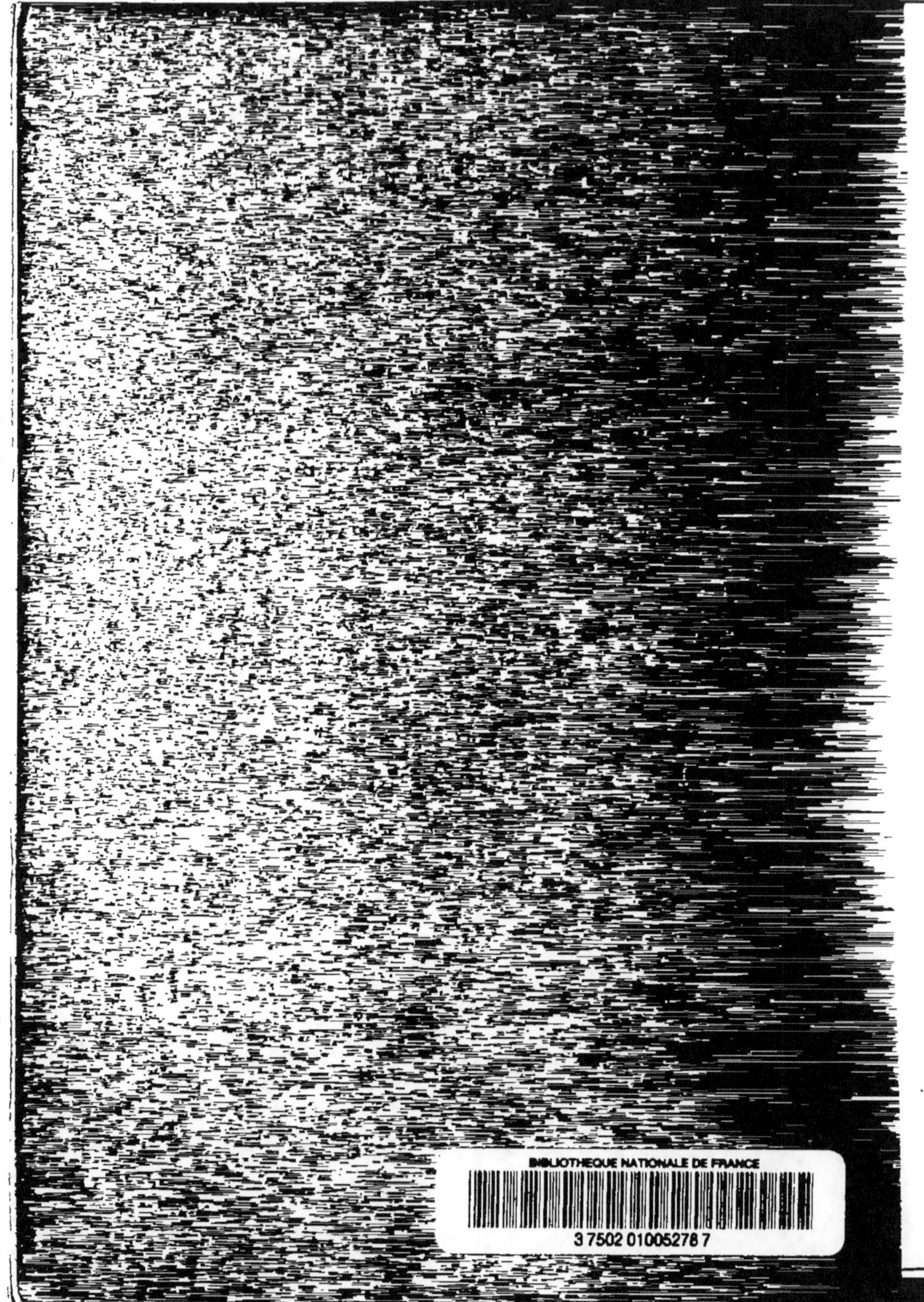

BIBLIOTHEQUE NATIONALE DE FRANCE
3 7502 010052787